G000075003

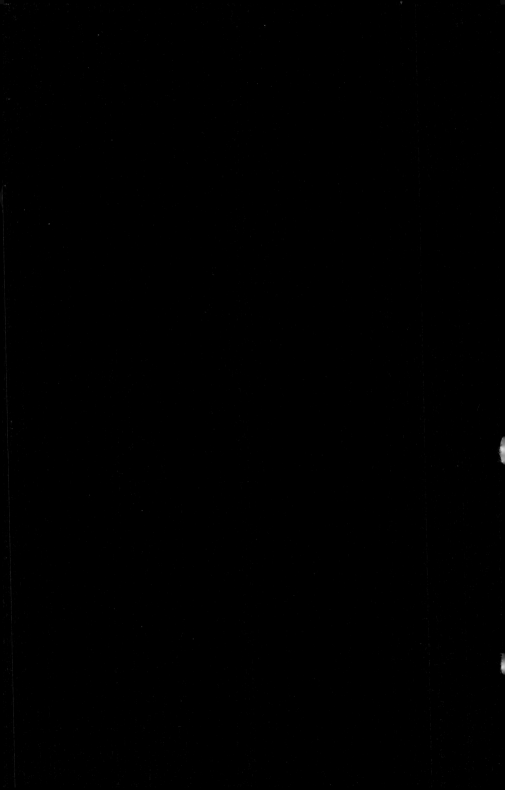

SECOND SIGHT

First published in 2020 by
The Dedalus Press
13 Moyclare Road
Baldoyle
Dublin D13 K1C2
Ireland

www.**dedaluspress**.com

ISBN 978 1 910251 67 6 (paperback)

Dedalus Press titles are available in Ireland
from Argosy Books (www.argosybooks.ie) and in the UK
from Inpress Books (www.inpressbooks.co.uk).
Printed in Dublin by Digital Print Dynamic

Cover design: Pat Boran

The Dedalus Press receives financial assistance from
The Arts Council / An Chomhairle Ealaíon.

SECOND SIGHT

poems in Irish

with English translations by the author

PADDY BUSHE

Paddy Bushe (signature)

DEDALUS PRESS

ACKNOWLEDGEMENTS

The poems gathered here appeared in the collections *In Ainneoin na gCloch, Gile na Gile* and *Móinéar an Chroí,* all published by Coiscéim. The author is grateful for the commitment and energy which Pádraig Ó Snodaigh has devoted to that press for many years, and particularly for the personal encouragement received. *Gura fada buan an fear agus an cló.*

Contents

I

III

≈⁀

dom bhean feasa

I

Cárta Poist ón Himalaya

Beir beannacht uaim, a scríbhinn,
Ó bheannta arda Tarapani
Go Mín a' Léith faoin Earagail
Is go Cathal caoin Ó Searcaigh.

Bí-se ar foluain mar bhrat urnaí
Os cionn an bhrait ghil sneachta,
Agus seol mo scéal na mílte siar
Om mani padme ohm do mhantra.

Aimsigh bratacha urnaí an fhile
Á searradh féin chun scéal a chlos;
Cogair-se draíocht na mbeann ard leo,
Agus buíochas croí ón bhfile Bushe.

Feabhra, 2007

A Postcard from the Himalaya

Carry herewith my heartfelt blessing
From the snowy heights of Tarapani,
To Mín a' Léith below Errigal
And to Cathal *caoin* Ó Searcaigh.

Hover like an airy prayer-flag
Above this downy blanket,
Then send my story far far west,
Om mani padme ohm your mantra.

Search out the poet's own prayer-flags,
All agog for the east wind's offering,
Whisper to them of high peak magic
And the poet Bushe's *gúrú maith agat*.

February 2007

Síscéal

Chuir an Chailleach Ghlic an gheal
Ina dubh ar Kathmandu, d'iompaigh
An dealán ina chith mharfach, chas
Deiseal ina thuathal, thiontaigh
An grá ina ghruaim, agus leath
Brat bréagach ar lomchlár na fírinne.

Ach *bistari, bistari*. Fillfidh an feall
Ar an gCailleach Ghlic, scaipfear
Doircheacht an cheo nimhe a d'ardaigh sí,
Scaoilfear an ceangal a shnaidhm sí
Ar chúig caol na fírinne, agus beidh
An dubh ina gheal ar Kathmandu arís.

Bistari, bistari: "tóg breá bog é" sa Neipeailis.

14

Fairytale

The Sly Old Witch beguiled the light
Of Kathmandu towards dark, concocted
Poisonous rain from sunshine, wrenched
The sun itself from its course, twisted
Love into its own antithesis, and spread
A black cloak of deception over the streets.

But *bistari, bistari.* Betrayal will ineluctably
Come slinking back around the Sly Witch,
The foul mist she conjured will be dissipated,
That web of malevolence wherein she bound
The truth will loosen, and dark will turn
Towards the light once more in Kathmandu.

"Bistari, bistari" is Nepalese for "take your time".

Nóta Cágach do Chathal

I gcathair Kathmandu arís, agus na préacháin úd
I gciorcail os mo chionn, meabhraíodh dom in athuair

Gurb ionann "cág" na Gaeilge agus "kaag" na háite seo
Agus rith sé liom gur cinnte go n-aithneodh cág

Cág díoltasach eile cuma fada gearr óna chéile iad
Agus gur ró-dhócha go mbainfidís araon sásamh

Agus sú mar a chéile as súile claona na Caillí Bréagaí
A stracadh glan as a ceann, in aon teanga ar domhan.

Kathmandu, 15 Feabhra 2018

16

A Raucous Note to Cathal

In Kathmandu again, with those familiar crows
Circling overhead, I'm reminded once more

That the Gaelic *cág* is the same bird as *kaag* here
And I guess that any crow would surely recognise

Another vengeful crow at no matter what distance
And they would find common and deep satisfaction

In plucking the malign eyes of any wicked witch
Clean out of her head, in any language on earth.

Kathmandu, 15 February 2018

Bé Ghlas d'Orsay

do Chathal Ó Searcaigh, i ndiaidh clár-dhealbh
le Georges Lacombe

Seo chugat í, a fhile, seo chugat
    Bé ghlas úd na coille, í ar maos
        Le h-úire, le glaise na coille.

Seo chugat í, ina steillebheatha adhmaid
    Ag stealladh beatha chomh beo chéanna
        Leis an ndán a d'fhógair tú in ómós di.

Seo chugat í, *ballán cíche i mbarr féithe* do dháin
    Greanta go snoite anseo, ag tál flúirseacht fola
        Ar chré is ar phréamh, ar ghas is ar chrann.

Seo chugat í, na cuacha donnrua uirthi
    Ag caisiú anuas trí ithir, agus siar
        Suas arís trí luibh is dris is coirt.

Seo chugat í, ar tinneall le deirge na gcaor
    Ar crith le h-éadroime na nduilleog
        Ar meisce le meidhreacht na n-éan.

Seo chugat í, ar strae le buile an ghiorria
    Ar foluain le rince roithleánach na gaoithe
        Ar cosa in airde rábach a graostachta.

Seo chugat í, a stathfadh an dá shúil
    As aon chailleach bhréagach a leagfadh
        Leathshúil chlaon ort chun do chluainte.

The Green Goddess of Orsay

after a relief sculpture in wood by Georges Lacombe
for Cathal Ó Searcaigh

See, poet, she comes towards you,
    Your own woodland deity, moist
        With the wood's mossy greenness.

See, she is ingrained in her own living image,
    Brimming over with the same *joie de vivre*
        As the poem that proclaimed your devotion.

See, with her *nipple swelling from the vein*,
    She is carved proud here, pouring abundance
        Onto clay and roots, into stems and trunks.

See, the waves of her chestnut hair
    Flow down through clay, then curl
        Upward again in leaf and briar and bark.

See, she is intense with the redness of berries
    Quivering with the weightlessness of leaves
        High as a kite with the wingding of birds.

See, she is astray with the madness of hares
    Afloat on the dizzy height of the wind's dance
        Away on the wild gallop of her own bawdiness.

See, she comes, who would tear the eyes
    Out of any deceiving witch who would cast
        A foul eye on you to beguile you into harm's way.

Seo chugat í, faoi éide chatha,
　　Ór an aitinn, corcra an fhraoigh
　　　　Faoi réir chun cogadh na talún.

Seo chugat í, cnó agus caor i dtaisce
　　Mar lón cogaidh in n-aghaidh siúd
　　　　Nach ndéanann urnaí sa choill.

Seo chugat í, ar mhór léi riamh
　　Do bhunadh féin, cé gur shealbhaíodar
　　　　No man's land na gcuibhreann uaithi.

Seo chugat í, cumhracht ar sileadh léi
　　I bhfleascanna féithlinn, a cuacha
　　　　Lúbtha le creamh is le raideog.

Seo chugat í, a fhile. Sí do bheatha.
　　Go mbeannaítear laethanta bhur gcaidrimh.
　　　　I bhfochair a chéile, go ngine sibh marthanacht.

Oíche na SeanBhliana, 2016

See, she comes to you dressed for battle
    In the gold of furze, in the purple of heather
        Arrayed for combat in the war for the land.

See, she comes with nuts and berries
    Rations squirreled away for war against those
        Who do not observe the sanctity of woods.

See, she comes who always esteemed
    Your own people, although they appropriated
        The no man's land of the small fields from her.

See, she comes trailing fragrance
    In garlands of woodbine, her hair
        Twined with wild garlic, bog-myrtle.

See, poet. She comes to you who gave you life.
    May the days of your disclosures bring blessings.
        May your communion beget that which will continue.

New Year's Eve, 2016

Aonghas Úrghlas ag 70

do Aonghas Dubh MacNeacail

So what má tá an dubh curtha go snasta ina gheal ort
Ag an aimsir? Ní raibh dul amú ort riamh faoi ghile

Nó doircheacht na cruinne, agus níor nós leat taobhú
Le dearcadh dubh-is-bán na súl géar úd atá dall

Ar an gcrotal glasuaithne i léithe na carraige,
Dall ar ildaiteacht gach ní inár dtimpeall,

Agus bodhar ar iliomad leagan an scéil
Atá á chanadh gan tús gan deireadh ar fud na cruinne.

A Aonghais Dhuibh, a Aonghais Ghil, a ghlaise úir:
Lean ort ag boilgearnach thar maoil na dteorainneacha uile.

Nár ruga riamh ceartchreideamhacht ort, is nár thaga ort
Mór-is-fiú na gceannlitreacha nó saoithíneacht na lánstad.

Evergreen Aonghas at 70

for Aonghas Dubh MacNeacail

So what if time has belied you, and turned those jet
Locks white? You were never one to deny the light

Or the dark of the world. But neither did you give in
To the black and white vision, to those who are blind

To the viridescent lichen in the greyness of the rock,
Blind to the colour that saturates our surroundings,

And deaf to all the tellings of the story constantly
Sung without beginning or end all over the world.

Aonghas Dubh. Aonghas Geal. Green-reflecting wellspring:
Never stop bubbling over the brim of all the boundaries,

Never let the orthodox catch up on you, nor let yourself suffer
The self-importance of the capital, the pedantry of the full stop.

Ómós do Shomhairle MacGill-Eain

Thig crìoch air an t-saoghal ach mairidh ceòl is gaol

Bóithrín a bhí réaltach le nóiníní
A thionlaic sinn go dtí Hallaig,
Á shní féin go héasca
Suas idir faill agus farraige.

Leanamar ar an gcaonach caoin
Loirg crúibe agus coise,
Céim ar chéim sciorrach
Le fia agus le file.

D'aithris an ghaoth sáile
Aníos ó bharr na dtonnta
Bhéarsaí i measc craobhacha
Lán srónaíl agus sondais.

Chuir beann is ailt is creag
Cluas orthu féin le héisteacht
Agus chiúnaigh cliotar na dtaibhsí
I measc coll is beith is caorthainn.

Bhraith neantóg is driseog bíog
I gclocha na bhfothrach fúthu
Is glór an bhaird ag séideadh
Síol na tine sa luaithreach.

Agus bhain urchar grá macalla
As an aer mórthimpeall Hallaig
Is bhí an aimsir chaite láithreach
Beo le mná is le fearaibh.

Homage to Sorley MacLean

There comes an end to the world, but none to music, nor to love

It was a pathway stellar with daisies
That conveyed us into Hallaig
Winding its fluent way
Up between sea and crag.

On the kindly moss we followed
The prints of foot and hoof,
Step by slippery step
With a deer, with a poet.

The salty wind recited
From the wavetops below
Verses between the branches,
Nasal and sonorous.

Summit and cliff and crag
Settled themselves to listen,
And the chatter of ghosts softened
Among hazels, rowans, birches.

Nettles and briars felt a stirring
In the ruins their roots encircled,
As bardic utterance awakened
The spark in dormant embers.

And a bullet of love resounded
In the air surrounding Hallaig
While the past tense became present
With the bustle of men and women.

Sciúrd faoi Screapadal

do Meg Bateman

Bhí fiolar ar thóir creiche dar dtionlacan,
Ar foluain os cionn na bhfothrach ciúin,

An lá niamhrach earraigh sin gur shiúlamar
Fad le Screapadal, ar lorg dhán Shomhairle

Agus scáileanna Tharmaid is Eachainn Mhòir
Ag breathnú anonn ar Chomraich Ma Ruibhe.

Ach níor ardaigh aon tuiréad sleamhain dubh
É féin go bagarthach trí chrothloinnir na farraige,

Is níor bhodhraigh sianáil aon scaird-bhuamaire
Méiligh na n-uan agus portaireacht na n-éan

Fad a dheineamar dán Shomhairle a reic,
Gàidhlig agus Gaeilge, os ard i measc tithe bánaithe.

I bhfianaise an tseanchaisleáin a thit le faill,
Agus Carraig na hEaglaise Bréige scoite ón dtalamh;

In ainneoin na gceannlínte ós na ceithre h-arda,
Sotal rachmasóirí agus slad an mhargaidh;

I bhfianaise na gcaorach caidéiseach ar fhallaí
Agus féile na gréine ar fhiailí is ar fhásach;

In ainneoin bhréaginsint na scéalaithe
A scaipeann scéalta de réir toil na máistrí;

Ba bheag ná go gcreidfeá go raibh deireadh i ndán
Don tsaint, don chos-ar-bholg agus don gcreach.

A Quick Trip into Screapadal

for Meg Bateman

An eagle scanning for spoil accompanied us,
Circling high above the silent ruined houses,

That magical spring day when we walked
To Screapadal, tracking Somhairle's poem

While the shades of Tarmad and Eachann Mòr
Stared across the sound to Comraich Ma Ruibhe.

But today no sleek black turret raised its ominous
Presence above the sea's shimmering surface,

And no howling of a jet-bomber drowned out
The bleating of lambs or the piping of birds

As we declaimed Somhairle's poem aloud,
Gàidhlig and Gaeilge, among the shells of houses.

In light of the castle disintegrating down the cliff
And of False Church Rock lying just offshore;

In spite of headlines from the earth's four corners,
The swagger of wealth and the pillage of the markets;

In the light of inquisitive sheep climbing on walls
And benevolent sunshine on weeds and wasteland;

In spite of false tales spread by narrators
Who tailor the news to the will of their masters;

You could almost imagine rhyming a farewell
To greed, to exploitation, to the frenzy for spoil.

Lagtrá

Tá an trá folamh.
Macallaí beaga ag plopadh
Idir fheamainn is carraig.

Anois tá báirnigh ag tnúth
Le mná malla dubha
Aoine an Chéasta.

Níl aon tsolas ón Sceilg.
Tá sé ráite i gcónaí
Go mbeidh coinneal dubh
Ós comhair gach tí.

Tá an tarbh i dTeach Duinn
Ag fógairt ceo; ag fógairt
Trí lagsholas an tráthnóna
Go gcleachtófar arís
Fíogaigh is ruacain abhann.

Stranded

An empty shoreline.
Small plopping echoes
Between seaweed and rock.

Now limpets hold their breath
For the dark, stately
Women of Good Friday.

There is no beam from Skellig.
It is still said
There will be a black candle
Beside every house.

The bull in Teach Duinn
Is trumpeting fog; trumpeting
Through the thin evening light
That we will subsist again
On dogfish, scrapings from shells.

An Mhuintir agus an Éigse

do Ba Da Chai

De thaisme, más ann in aon chor dá leithéid,
A bhuaileamar, mise ar shiúlóid maidne,
Tusa ag dúnadh dorais. *This my study house.*
What do you study? Make poems. So do I.
Agus away linn díreach go dtí an scoil filíochta agat
(*Peoples and Poems* a d'aistrís an t-ainm le scairt)
Ar bhruach an chuain. Seomra geal, fairsing,
Boird agus mataí ina n-áiteanna féin,
Agus druma mór chun rithime ar an urlár

B'fhada fada sinn ó sheomraí dorcha
Agus clocha ar bhrollach gach ábhar file.
Gach aon fhuinneog níos niamhraí ná a chéile:
Sliogiascairí i gcrithloinnir an lagtrá,
Nóra na bPortach agus éirí-níos-airde uirthi
Leis an gclúmh geal bán a fuair sí anseo timpeall,
Agus Ilch'ubong, Mullach Éirí na Gréine,
Ag taibhreamh ar thine a spalpadh amach arís
Ach an lá a bheith róbhrothallach.

Mhalairtíomar leabhair go deasghnáthúil
Agus d'ólamar té glas go deasghnáthúil,
(Agus ba dheas, gnáthúil mar a dheineamar)
Inár suí go ciarógach ag bord íseal,
Ag tabhairt aitheantais chuí dá chéile.
Agus cé gur bhrathas ar dtús iartharach, tuathalach,
Fiú corrthónach, d'éiríos diaidh ar ndiaidh
Suaimhneach, oirthearach, fiú Searcenstockach,
In Songsan, i dtigh geal sin na filíochta.

Peoples and Poems

for Ba Da Chai

It was by chance, if there is any such thing,
That we met, me out for a morning walk,
You closing a front door. *This my study house.*
What do you study? Make poems. So do I!
And away with us to your school of poetry
(*Peoples and Poems*, you translated the name, laughing)
On the edge of the sea. A lucent, airy room,
Tables and floor-mats, each in its own space,
And a skin drum invoking rhythm on the floor.

We were miles and miles from darkened rooms
And bardic apprentices with stones on their chests.
Each window framed more magic than the next:
Shellfish-gatherers in the shimmering ebb-tide,
Nora the Bog getting even more stuck-up
With the dazzling white outfit she picked up around here,
And *Ilch'ubong*, the Summit of the Rising Sun,
Dreaming about erupting one more time,
Only that the day was far too warm.

We ceremoniously exchanged our books
And drank green tea, again ceremoniously,
(And the ceremony was marvellously everyday)
As we sat cross-legged at a low table,
Eyeing each other with due recognition,
And although I was awkward and western,
You could even say tight-arsed, I became inch by inch
Easier, more oriental, (dare I say Searcenstockian?)
In *Songsan*, in that luminous house of poetry.

Carraig Taibhrimh

Déantar carraig díom,
Carraig taibhrimh.

Tagadh saoithe faram
Ag saothrú eolais.

Tagadh an óige faram
Ag cuartú rúndachta.

Bíom bodhar, ag éisteacht
Le cliotar na réalta.

Bíom balbh, ag suirí
Le deisbhéalaíocht na gaoithe.

Déantar carraig díom,
Carraig snoite le haois.

Stone Dreaming

Let me be stone
Stone dreaming.

Let sages approach me
Scraping for knowledge.

Let youth approach me
In search of secrecy.

Let me be deaf, listening
To the chattering of stars.

Let me be mute, flirting
With the sweet talk of the wind.

Let me be stone
Stone chiselled with age.

An Eachtra Nua

i.m. Dónal Mac Síthigh

Abair, a mhairnéalaigh, ó sciobadh mar sin do bhád
Gan choinne amach thar imeall farraige agus tíre
I dtreo críocha bruadaracha úd na scéal is na laoch;

Abair, a ródaí, cá fada an turas ón dtonn mhallaithe,
Fad na dubhchríche ceobhránaí seo nach bhfuil ann
Le fírinne, nó as; cá fada go gcruthófar do chló ceart,

Ar ráiniú duit gealchríoch na heachtraíochta, go ndéanfar
Áit duit cois teallaigh led léathbhádóirí, go gcloisfear thú
Cruinn glan, gan chaoineadh eadránach seo na droinge?

Géaraigh do choiscéim, a fhánaí. Táthar santach chun scéil.
Ón ard nua mar a bheir, abair amach an eachtra a mhairfidh
Ó Shamhain amach go Bealtaine is ó Bhealtaine ar ais arís.

14 Samhain 2017

A New Epic

i.m. Danny Sheehy

Say, mariner, since that your boat was so capriciously
Swept beyond the utmost borders of sea and sky
To that dreamlike territory of stories and heroes;

Say, voyager, how far it is from that malevolent wave
Through this obscure, vaporous land that is, in truth,
Neither here nor there; how long before your true form

Makes landfall on that legendary shore, before you take
Your place at the fireside of your peers and are heard
Clear and true above this transitory mourning of the tribe?

Sharpen your pace, traveller. There is a thirst for storytelling.
From your new elevation, recount an epic that will last
From *Samhain* to *Bealtaine*, and from *Bealtaine* back again.

14 November 2017

Cloisfead Ar Neamh

Über Sternen muß er wohnen – Schiller

Bhí Beethoven ar an steiréo, an tigh
Tonnchreathach, líonreathach, gairdeach,

Agus mé ar tí dul ag bothántaíocht
Go dtí mo chomharsa. Níor mhúchas an ceol

Agus d'fhágas dóirse agus fuinneoga ar leathadh
Nuair a shiúlas amach faoi ghile oíche sheaca.

Gotha an stiúrthóra orm, bheannaíos
Go mórchúiseach le ceolfhoireann na réalt,

Sheolas an uile nóta chucu, agus shiúlas liom
Ag súil gur chualathas an ceol ar neamh.

I Shall Hear in Heaven

Über Sternen muß er wohnen – Schiller

I had Beethoven on the stereo, the house
Wave-shaking, full-flowing, celebrating,

When I took a notion to go rambling
To my neighbour. I left the music playing

And the doors and windows wide open
As I walked out into the frosty starlight.

Throwing shapes like a conductor, I bowed
Ceremoniously to the orchestra of the stars,

Signalled every last note to them, and walked on,
Hoping the music would be heard in Heaven.

II

An Manach, na Lachain agus an Loch

Ní fhacas féin ach sraith ghriangrafanna,
Ach ó lámhchomharthaí an ghrianghrafadóra
Maraon le cúpla focal a chompánaigh,
Thuigeas gurbh i bhfad i bhfad siar ó thuaidh
Ar Ardán na Tibeite lena 4x4 a bhíodar
Nuair a thángadar ar an manach is a scuaine,
É siúd go cúramach ag treorú lachan agus a h-ál
I dtreo locha bhí ina luí faoi bheanna sneachta.
Gur thuigeadar uaidh go raibh sé féin
I mbun oileathrachta fada sna críocha sin
Nuair a tháinig sé orthu, i bhfad ón uisce.
Go raibh sé tar éis a dhéanamh amach
Gur neadaigh an lacha tamaillín roimhe sin
Ar imeall an locha, ach de bharr athrú obann
Sa tséasúr, tuile nó tirimeacht éigin
A d'imigh thar tuiscint manach nó lacha,
Gur chúlaigh an loch i bhfad siar ón nead,
Agus nuair a rugadh an t-ál ar deireadh,
Nach raibh faic in aon chor ina dtimpeall
Ach cré leath-reoite, clochach. Dá bhrí sin,
Go raibh sé féin ag briseadh a oilithreachta
(D'fhéadfadh sé siúl níos tapúla ina dhiaidh sin)
Is á mbeathú is a mealladh is á bpeataireacht
I dtreo an locha, mar nár mhaith leis
Roth a mbeatha a fheiscint ag imeacht i léig.

Rianaigh na grianghrafanna an scéal
Céim ar chéim go dtí gur shroicheadar
Ceann scríbe, agus gur sheas an manach
Faoi ghoirme spéir reoite an Earraigh
Ar bhruach locha a bhí chomh fairsing sin
Go sílfeá gur sheas sé ar bhruach an domhain.

The Monk, the Ducks and the Lake

To be honest I myself saw only some photographs,
But from the sign-language of the photographer
Together with his friend's few words of English,
I made out it was in the far northwestern part
Of the Tibetan plateau they had been in their 4x4
When they came across this monk and his flock,
The monk carefully escorting a duck and her brood
Towards a lake under distant, snowy summits;
That they understood from him that he had been
Undertaking a long pilgrimage through these parts
When he came across the ducks, far from water;
That he had concluded, after much thought,
That a duck and drake had nested some time before
At the lake's edge, but because of some change
Or other in the season, some drought or flood
Beyond the understanding of either monks or ducks,
That the lake had retreated far from the nest,
And when the now drakeless duck hatched the eggs
There was nothing at all visible around them
But stony, half-frozen clay. And so, he told them,
He was interrupting his pilgrimage for the time being
(He could always walk a little faster afterwards)
And feeding them and quacking them and coaxing them
Towards the lake, because he couldn't bear to see
The wheel of their small duck-lives run down.

The photographs tracked the rest of the story
Step by guided, waddling step until they reached
Their destination, and the robed monk stood
Under the freezing blue sky of Spring
At the shore of a lake that stretched so far
You'd think he stood at the wide world's edge.

41

Agus cé na faca féin faic eile,
Tá tuairim agam gur leá criostal
I ndiaidh chriostail ghil oighir
Ar an sliabh, agus gur chromadar
Ag plimpeáil leo ceann ar cheann
Anuas sa mhullach ar a chéile
Ag sruthú leo i dtreo an locha,
Go raibh aoibh na n-aoibh ar an manach
Is é ag dordadh sútra ar an mbruach,
Ag guí leis na lachain ag lapadaíl sa láib,
Leis an roth ag rothaíocht ina cheart arís.

And although I saw or heard nothing else,
I have this strange notion that crystal
After crystal of gleaming ice melted
High up on the mountain, and began
Plinking and plinking, each one dropping
Slowly down onto another after another,
Gathering themselves to flow to the lake;
That the monk's smile was wide as the world
As he stood and droned a sutra on the shore,
Praying with the ducks' delighted dabbling,
With the wheel spinning at its own speed again.

Fuaimrian

Tá sé ag rith is ag ath-rith
Trím aigne: blúire de scannán
Dubh agus bán creathánach
Ar chlár thromchúiseach teilifíse.

Na caogaidí. An tSín. Mao.
An Léim Mhór Chun Tosaigh.
Cruach á bruithniú go craosach
As seanúirlisí i sráidbhailte
Ó cheann ceann na tíre,
Agus an ghráin dhearg ag an bPáirtí
Ar éanacha beaga ceoil
As gach aon ghráinne cruithneachtan
A ghoideann siad idir portanna.

Sluaite á mbailiú, mar sin,
Ag gach aon chúinne sráide
Agus bualadh ollmhór oifigiúil bos,
Á spreagadh gan stad le gártha cáinte,
Ag cur na ceoltóirí beaga de gheit
Ag eitilt timpeall agus timpeall arís
Go dtí go dtiteann, ar deireadh, éan
Ar éan de phlimp i ndiaidh a chéile,
Traochta chun báis ar an dtalamh.

Níl aon fhuaimrian ceoil
Leis an scannán. Ach samhlaím
Na mílte fliútanna aeracha bambú
Ag boilgearnach leo scathaimhín,
Agus, poll ar pholl, nóta ar nóta,
Samhlaím gob ollmhór dubh á sárú
Chun chiúnais, ceann ar cheann.

Soundtrack

It's running and rerunning
In my mind: a short loop,
Shaky, black and white,
From some weighty documentary.

The fifties. China. Mao.
The Great Leap Forward.
Steel hungrily smelted
From scrap in villages
The length and breadth of the country,
And the Party's official hatred
Of all small songbirds
For every last grain of wheat
They steal between songbursts.

Crowds therefore marshalled
At every street corner
And a huge sanctioned burst of handclapping
To raise morale with catcalls of denunciation,
Startling the little songsters into flight
Around and around and around again
Until, in the end, one by one and thud
By thud they fall after each other,
Exhausted to bits on the ground.

There's no soundtrack
To the film. But I conjure up
Thousands of giddy bamboo flutes
Bubbling away for a while,
Until, stop by stop, note by note,
One huge black beak cows them
Into silence, one by one.

Agus samhlaím ina n-áit
Trúmpa mór amháin práis
Ag búireadh an nóta chéanna
Lá i ndiadh lae i ndiaidh lae.

And I imagine in their place
One enormous brass trumpet
Bellowing the same note
Day after day after day.

Ag an Droichead a Cruthaíodh ar Neamh

Tá mar a bheadh loirg cos brúite anseo san aolchloch,
Paidreacha greanta ar leaca, agus cuimhne ag an gcarraig
Ar scéal scéil faoi thuras go dtí an Domhan Thiar
D'fhonn eagna Bhúda a bhreith abhaile ón Ind.

Thar teorainn anseo a thángadar, na h-oilithrigh,
Ag cuartú na dtrí ciseán, Dlí, Agallamh agus Scrioptúr,
Is athnuachan ar smior na gcnámh, ar fhuil na feola.
Manach i mbláth a aithbhreithe, agus rógaire saoi de mhoncaí

A chothaigh, de bharr daonnacht a dhéithiúileachta,
Agus ainmhíocht neamhthruaillithe a dhaonnachta,
Raic i bPálás Neimhe, iontas ar Shealúchas an Chré,
Agus borradh nua in Impireacht na Marbh.

Ag an droichead Neamhdhéanta seo idir dhá ríocht,
D'fhág gach aon deamhan is drochrud is dragún
A bhí á gciapadh go dtí sin, faoiseamh acu ar deireadh,
Agus ghluaiseadar le leoithne cumhra trí úllghoirt fairsinge.

Teanntaithe idir failltreacha, tá an abhainn
Ina tuile buí ag réabadh thar charraigreacha,
Agus uisce ón lochán gaile lena h-ais
Ag beiriú ón dtalamh trínachéile laistíos.

Tá an áirse ollmhór cloiche os ár gcionn
Ag fáisceadh na bhfailltreacha lena chéile,
Is ag rá: *Ní bheifear scartha. In ainneoin teorainneacha,*
A thaistealaithe, tá sibh i gcríocha na droicheadúileachta

At the Bridge Made in Heaven

Here are footprints of legend in the limestone,
Prayers carved on slabs, the rock still remembering
A tale told of a journey to the Western World
To bring back from India the wisdom of the Buddha.

Here they crossed borders, those pilgrims who sought
The three baskets of Law, Dialogue and Scripture
And renewal of the bone's marrow, the flesh's blood:
A venerable monk, a sly pig and a wise rogue of a monkey

Whose constant shifting between humanity of his divinity
And the unadulterated simianism of his humanity,
Caused uproar in Heaven, amazement on Earth,
And fresh stirrings in the Kingdom of the Dead.

Here at this Heaven-made bridge between kingdoms,
Those devils, dragons and other damnable beings
Who had tormented them, left them at last
To travel in peace through fragrant orchards.

Confined between canyon walls, the river
Is a yellow flood thundering over boulders,
While the water in the thermal pool close by
Steams and bubbles with subterranean agitation.

The huge arch of rock stretching overhead
Spans the canyon, squeezing its walls together,
Saying: *There will be no severance. In spite of borders,
Travellers, you have arrived in the realm of bridges.*

Ag Aistriú 'Buddha in der Glorie'

In aghaidh mo thola, bhí sé caite uaim agam,
An smaoineamh go n-aistreoinn an dán sin le Rilke,
Cé go raibh sé fillte agus aithfhillte trím aigne
Mar a bheadh bratóg urnaithe ar chrann naofa.

Fuaireas róchoimhthíoch iad, na críocha úd
Ina raibh an dán agus an t-aistriúchán ag taisteal,
An ghramadach débhríoch, agus nósmhaireacht an táirsigh
Suite mar chonstaic ar mo chead isteach.

Ach nuair a bhaineas mo bhróga iartharacha díom
Roimh gabháil thar táirseach Teampall Prah Singh,
Is nuair a shuíos croschosach ag análú tiúise,
Cloigíní ag bualadh i leoithne anseo is ansiúd,

D'aithníos Búda Rilke os mo chomhair in airde,
Ceannbhrat naoi gciseal go caithréimeach
Ar foluain os a chionn. I loinnir an íomhá,
Thuigeas go bhféadfaí go ndéanfaí teanga díom.

Translating 'Buddha in Der Glorie'

Against my will, I had put to one side
The notion of translating that poem by Rilke,
Despite it winding itself around my mind
Like prayer-flags around a sacred tree.

They were too alien to me, those territories
Where poem and translation were travelling;
The grammar ambiguous, and the threshold customs
Squatting like portal guards against my entering.

But when I took off my occidental shoes
Before crossing the threshold of Wat Phrah Singh,
And when I sat, cross-legged, inhaling incense,
Temple bells tinkling somewhere in the breeze,

I recognised Rilke's *Buddha* high up before me,
A nine-tiered canopy triumphantly floating
Above his head. In that resplendent image
Gleamed the possibility of the gift of tongues.

Corra Bána

do Éanna

Bhí sé beagnach dearmadta agam, an crann sin
A chonac ón mbus, taobh amuigh de bhaile,
É breac le corra bána suite mar a bheadh éarlais
Ar ghrástúlacht, fad saoil agus bheith ann don eile.

Fad saoil chugat féin, mar sin, a rug abhaile
Ód chuid taistil féin an bhratóg shíoda,
Deartha leis na héin rathúla chéanna
A thuirling im aigne le cleitearnach aoibhinn.

Agus tá siad neadaithe i gcónaí faram,
Ag saibhriú an tseomra le cumhracht na Síne,
Suite gan bhogadh ar ghiúis is ar charraig.
Is nuair a chraitheann an bhratóg i bpuithín gaoithe,

Cloisim, ar feadh soicind, mionabhar na síoraíochta
Sa leoithne éadrom ag siosarnach trín síoda.

White Egrets

for Éanna

It had almost slipped my mind, that tree
I glimpsed once from a trundling bus,
Dappled with egrets like long-standing promises
Of grace, long life and the truth of otherness.

So long life to you too, for bringing home
From your own travels, this painted silk
Bright with those same auspicious birds,
To land in my mind on exhilarated wings.

And they nest still on the sitting-room wall,
Endowing the room with wealth from the east,
Perched now for good on rocks among pine-trees,
And when the scroll stirs in a sudden breeze,

I hear for a moment in that passing wind
Murmurs of eternity rustling through the silk.

Scéal na gCapall

Capaill ag taibhsiú aníos as an gceo
Is ag síothlú arís in airde,
Crú ag clingeadh anseo is ansiúd
Ar charraig, sciorradh tobann
Ag sruthán, seitreach míshuaimhneach
Agus sinne míshuaimhneach, aduain,
Ag luascadh sa diallait, an sliabh
Ag luascadh romhainn agus fúinn
Sa cheo, agus suas linn agus suas
Siar isteach in eachtraíocht.
Cén chreach é seo, cén slad
Lochlannach anuas ar ghleannta,
Cén sága fuilteach atá á chumadh,
Cén Eiric Rua a bhfuil a cháil á reic,
Cén finscéal, fabhalscéal, scéal
Ó Shamhain go Bealtaine Artach é seo?

Go hobann ansin, de gheit
Sriain agus crúibe agus intinne,
Mullach an tsléibhe, an ceo fúinn,
Is mórthimpeall is mórthimpeall,
Gile lom na sléibhte faoin ngréin
Ag síneadh leo go hoighreata
Go ceithre arda an domhain,
Beann ar bheann beag beann
Orainne, ár gcroí inár mbéal,
Ár mbéal faoi thost iontais,
Cluas bodhar orainn do gach
A cumadh nó a ceapadh riamh.

A Tale of Horses

Horses looming out of the mist below
And disappearing upwards again,
A steel shoe ringing here and there
On a rock, abrupt scramblings
At a stream, uneasy snorting
And we also uneasy, strained,
Awkward in our saddles, the mountain
Swaying around and below us
In the fog, then up and again up
And away back into story.
What raid is this, what Viking
Plundering of the valleys,
What bloody epic is being composed,
What Eric the Red's fame narrated,
What story, what saga,
What Arctic winter's tale is this?

All of a sudden, then, with a jerk
Of reins and hooves and minds,
We're up and out, the mist below us,
And around and around and around,
The unfiltered brilliance of the peaks
Stretching themselves icily
To the four corners of the earth,
Summit after summit supremely careless
Of us, of our hearts in our mouths,
Our mouths agape in mute wonder,
And we are stone deaf to any story
Ever recounted since time began.

Giorria Artach

Id staic i logán sléibhe, do dhá chluas
Ar bior, d'fheadfá bheith san airdeall
Ar ghlam gadhar i ngleannta Uíbh Ráthaigh,
Ach go scéitheann dath aolbhán do chóta

Gur sneachta an tuaiscirt is dual agus dúchas duit.
Nó an é an bainne a ghoid an chailleach,
Á dhiúl i riocht ghiorria ó bhuaibh na gcomharsan,
A chlaochlaigh thú go gile sin na gcríoch seo?

Cuma sa tsioc. San iarghúltacht chrua seo
Leánn agus reonn rógaireacht agus leochaileacht
Tríd is tríd a chéile, beag beann ar chora
Tromchúiseacha an tsaoil. Teacht slán is cúram.

Tásc ná tuairisc níl agamsa le coicíos
Ar an saol mór ná ar chinnithe na bhfear
A labhrann le Dia is a labhrann Dia leo
Roimh scaoileadh na mbuamaí, roimh an gol san ár.

Ach ó tá an domhan mar ghiorria idir chonartaibh,
Gach aon bhall ar crith, ag éisteacht faoi sceimhle
Le séideadh adhairce na sealgairí mire
Ar shliabh is ar mhachaire is ar fhásach,

Seo mo ghuí do ghiorria i logán sléibhe sa Ghraonlainn:
Fiolar, faolchú ná ulcabhán nár thaga ort,
Crobh, gob ná fiacal nár ruga riamh ort,
Is ná raibh do chlúmh bán choíche breac led fhuil.

Iúl, 2003

Arctic Hare

Transfixed in a mountain hollow, your ears
All attention, you could be listening out
For baying beagles in Uíbh Ráthach valleys,
Only your lime-white coat cannot conceal

That northern snow is in your blood and breeding.
Or is it the milk that the old witch, taking
The shape of a hare, stole from the neighbours' cows,
Has you morphed into this indigenous brightness?

No matter. In this unyielding remoteness,
Villainy and vulnerability meld one
Into the other, undisturbed by the weighty
Ways of the world. Survival's the thing.

For two weeks now, I've had neither sight nor sound
Of the big world, nor of the decrees of men
Who speak to God and to whom God speaks
Before the bombs' release, the weeping in the slaughter.

But since the world is now a hare between packs,
Trembling in every part, listening in terror
To the bugling of the crazed hunters
Among mountains and plains and deserts,

Here is my wish for this hare in a Greenland hollow:
May no wolf nor owl nor eagle come upon you,
May no tooth nor beak nor talon tear you,
And may your white fur never be dappled with blood.

July, 2003

57

Búireadh

Beireann oighearshruth lao, adeirtear,
Nuair a scoilteann meall oighir go callánach
Amach uaithi, agus féach ansin romham
Fíord fairsing agus é breac le laonna bána,
A gceann fúthu, ag iníor go suaimhneach
Ar mhachairí míne méithe an tsáile,
Ar ghoirt ghorma ghoirte na farraige.

Ach cad é an búireadh sin a chuala
I gcoim na hoíche aréir, slua-bhúireadh
Mar a bheadh tréad i bpéin? B'shin búir
Oighearchlár mátharach an tréada
Ag lobhadh i dteas buile na cruinne,
Ag cúbadh is ag cúngú is ag leá
I ndeora goirte sáile ár máthar uile.

Bellowing

A glacier calves, the expression has it,
When an iceberg moves noisily
Away out from her, and look: before my eyes
A huge fjord dappled with white calves,
Heads down, grazing peacefully
On smooth, salubrious saline plains,
On the blue, briny grass of the ocean.

But what was that bellowing I heard
In the dead of last night, a mass bellowing
Like a herd in pain? That was the bellowing
Of the herd's maternal icecap
Rotting in the crazed heat of the globe,
Straining and shrinking and melting
In the salt tears of our universal mother.

Aniar Aduaidh

Aniar aduaidh a thiocfaidh sé, an Díle nua,
Beag beann ar Dhia, tubaist dár rogha féin.
Fillfidh ar bhfeall orainn, mall nó luath.

Teas marfach isea feasta an aimsir chrua.
Soineann ina doineann, na séasúir ina gcíreib.
Aniar aduaidh a thiocfaidh sé, an Díle nua.

Goin croí na cruinne, agus fágfar í gan trua.
Meileann oighearshruth go mall, ach meileann go mín réidh.
Fillfidh ár bhfeall orainn, mall nó luath.

Tá geonaíl an oighir ag rá go bhfuiltear chugainn,
Sinn sna críocha déanacha, ag tús agus deireadh ré.
Aniar aduaidh a thiocfaidh sé, an Díle nua.

Baoth anois bheith ag cuardach, baoth bheith ag súil
Le hÁirc ár gConartha le sainnt, conradh nimhnithe an aeir.
Fillfidh ár bhfeall orainn, mall nó luath.

Coimhthíoch a bheifear, ar nós chine aduain
A fhágfar gan tórramh, gan uaigh, gan chré.
Aniar aduaidh a thiocfaidh sé, an Díle nua,
Fillfidh ár bhfeall orainn, mall nó luath.

Out of the Blue

The new Flood will surge, godless, out of the blue
From the northwest, a judgement all our own.
Our treachery will turn on us, late or soon.

Warmth has grown deadly now, sunlight is gloom,
The calm is the storm, the seasons overthrown.
The new Flood will surge, godless, out of the blue.

Wound the world's heart, and she will no longer rue
The glacier grinding slowly, grinding to the bone.
Our treachery will turn on us, late or soon.

The groaning ice announces our impending doom,
The end and start of cycles, a metamorphic zone.
The new Flood will surge, godless, out of the blue.

Too late now for searching, we await like fools
Our Ark of Covenant with greed, our air-poisoning hoard.
Our treachery will turn on us, late or soon.

Our end will be alien, an abandoned crew
Without wake, without grave, without marking stone.
The new Flood will surge, godless, out of the blue.
And our treachery turn on us, late or soon.

Áireamh na nDeachúna

Ar phár a tháinig slán chugainn ón mbliain
D'aois ár dTiarna míle dhá chéad ochtó, taispeántar
Gur sheol Eaglais Lochlannach na Graonlainne
Deachúna Crosáide go dtí Pápa na Róimhe
I riocht míle ceithre chéad seachtó punt éibhir
De starrfhiacla céad nócha is a haon bhálrus
A ghnóthaigh fiche sé phunt d'airgead geal glan.

Nár dheachúna iad san! Fiacla fada géara
Á stracadh as cloigne na rón is á seoladh
Ón dTuaisceart reoite go dtí an tOirthear loiscneach,
Fiacla geala Críostaí ag réabadh doircheacht Ioslaim,
Fiacla dragúin á gcur sa ghaineamh, ag síolrú
Fómhar fola atá fós á bhaint, deachúna
Á n-íoc agus á n-aisíoc arís ina milliúnta!

Reckoning the Tithes

A parchment that has been handed down to us
From the year of Our Lord twelve hundred and eighty,
Recounts that the Norse Church of Greenland
Sent Crusade Tithes to the Pope of Rome
In the form of one thousand four hundred and seventy pounds
Of ivory from the tusks of one hundred and ninety-eight walrus
Which realised twenty-six pounds of bright sterling silver.

Was not that some tithing! Long sharp teeth
Torn from the walrus heads and dispatched
From the frozen North to the burning East,
Bright Christian teeth ripping the darkness of Islam,
Dragons' teeth sown in the desert, seeding
A bloody harvest still being reaped, tithes
Being paid and repaid again in their millions!

III

Forógra Cásca

A Dhia is a ghlúinte
Mharfacha na marbh,
Leig dínn. Éirígí
Aníos ónár nguailne
Leis an bhfiach dubh a bhrúigh
Sibh orainn. Leig dúinn
Bheith sinn féin gan bheith
De shíor in bhur bhfiacha-se.
Imígí ag cabaireacht
Le fiacha san uaigneas;
Imígí go dtí an fásach
Ag séideadh bhur dtrumpaí.

Easter Proclamation

In the name of God and the deadly
Dead generations,
Enough is enough.
Get off our backs,
Together with the bird of death
You willed on us. Leave us
To be ourselves, without
Your debts clawing at our shoulders.
Take yourselves cawing
With ravens in the wilderness.
Take yourselves to the desert
To give free range to your blaring trumpets.

Sos Cogaidh, Nollaig 1914

Oíche chiúin, oíche
Chomh eadarthráthach sin
Gur ar éigin go gcloisfeá
An saol mór ag siosarnach
Slán leis an uile.

Oíche chiúin, oíche
Chomh mór as a riocht
Le riachtanaisí an ama
Gur ar éigean go mbeidh
A leithéid ann arís.

Truce, Christmas 1914

Silent night, the night
So deeply liminal
You would barely hear
The wide world whispering
Goodbye to all that.

Silent night, the night
So wrenched out of shape
By the time's imperatives
That its kind is unlikely
Ever again to be.

Mar a Chualathas ar an nGrinneall

i gcuimhne chriú an fhomhuireáin Kursk, a fuair bás am éigin mí Lúnasa 2000

Giorraisc na focail iad, *Kursk* agus *Murmansk.*
Caithfear iad a chlaochló … claochló … claochló …

Is cinnte gur tharla seo agus gur tharla siúd.
Níltear in aon amhras … amhras … amhras …

Tá cluas ar an dtír le h-éisteacht.
Meastar go gcualathas cnag … cnag … cnag …

Tá an tUachtarán ar saoire ag an bpointe seo.
Ní cheaptar é bheith oiriú… riú … riú …

Tá *politik* na tragóide seo thar a bheith *real.*
Caithfidh daoine a thuis … a thuis … a thuis…

Tá rúndacht i gceist, agus mórtas cine.
Nuair is gá, lorgófar cabhair … cabhair … cabhair …

Tá póicín aeir fanta idir an dá dhoras, díreach
Ar an dtaobh thall … taobh thall … taobh thall …

Cé go mbraithimid folús sa tsaol fo thoinn,
Níl aon cheist uisce faoi thalamh … thalamh … thalamh …

Le teann ár mbróid, coimeádfar a gcuimhne
Buan go deo na ndeor … na ndeor … na ndeor …

Níl aon fhianaise ann fós na gathanna cogaidh
Bheith ag sileadh nimhe … sileadh nimhe … sileadh nimhe …

Má ardaítear na corpanna, cuirfear iad
Lena muintir, soir-siar … soir-siar … soir-siar …

As Was Heard on the Seabed

*in memory of the crew of the submarine Kursk, who died some time
in August 2000*

They're clipped, abrupt, those words *Kursk* and *Murmansk*.
They must be transformed … transformed… transformed …

It has been confirmed that such and such may have happened.
There is absolutely no doubt … no doubt … no doubt …

The whole country is listening.
Knocking may have been heard … been heard … been heard …

The President is on holidays at this point in time.
It is not deemed appropriate … appropriate … appropriate ….

The *politik* of this tragedy is more than *real*.
The people must understand … understand … understand ….

There are security issues, and national pride.
If necessary, help will be sought … be sought … be sought …

There is a pocket of air between two bulkheads, just
On the other side … other side … other side …

Although there are lacunae in underwater legislation
There is no question of conspiracy … conspiracy … conspiracy ….

Inspired by our pride in them, their memory will be kept
Cherished until the very end of time … of time … of time …

There is as of now no evidence that any of the missiles
Are leaking toxic … leaking toxic … leaking toxic …

If the bodies are recovered, they will be interred
With their people, lying east-west … east-west … east-west …

Béasa an Bhroic

Ní hionmhuin leis an ríbhroc aoibhneas, aiteas, ná spórt,
Ni hionmhuin leo saoi, draoi, ná cumadóir ceoil.
   – Séamus Dall Mac Cuarta

Ní thaobhaíonn an broc lucht éigse nó fíona
   Ar fhaitíos go lasfaí lóchrann ina phluais gan chead.

Tá sé scannraithe beo roimh solas na péintéireachta
   Mar go nochtann sí a leimhe is a léithe os comhair cháich.

Dá ainneoin féin, éistfidh sé anois is arís le amhrán
   Má tá na focail simplí, is de ghlanmheabhair ag gach éinne.

Taithíonn sé pluaiseanna a thaithigh a sheacht shinsear
   Ar eagla a chaillte i bpasáistí nárbh eol dá shrón.

Níl eagla ar roimh madraí agus fir ag teacht ist'oíche
   Ach roimh gáire na mban ag teacht is imeacht ón dtobar.

Má bhíonn amhras ar an bhfeirmeoir faoi thinneas a thréada
   Cuireann an aghaidh fidil an dubh ina gheal air.

Smaoinigh nach gá dó marachtaint faoin dtalamh
   Aimsíonn sé doircheacht agus é i lár an aonaigh.

Badger

Badger hates celebration, merrymaking, sport,
Abominates wits, wise men, music makers, poets.
   – Séamus Dall Mac Cuarta

Badger likes not those who like wine or poetry
   For fear an unauthorised torch might illuminate his tunnel.

Badger is terrified of the light that painters are familiar with
   Because it might expose his ghastliness to the world.

In spite of himself, Badger listens now and again to a song
   Provided the words are simple, and everyone has them by heart.

Badger frequents only passageways frequented by his predecessors
   For fear of being lost in places whose smell he does not know.

It is not the approach of hounds and men by night that Badger fears
   But the laughter of the women coming and going from the well.

If the farmer is uneasy because of sudden illness among his cattle
   The black and white mask makes light of all of his doubts.

Remember above all that there is no need to live underground.
   Badger can sniff out darkness in the heart of a fairground gathering.

Gáirleog

Chuireas na hiongna inniu,
Ag tumadh a ngile
Préamh faoi sa chré dubh.

Tráth chasadh na bliana
Nach shin buille
Tréan ar son an tsolais!

Garlic

I planted the cloves today,
Plunging their brightness
Root down in the black clay.

Now at the year's turning
Was not that indeed a mighty
Blow on the side of light!

Athphósadh ar Oileán Diúra

Gealgháireach i measc clocha an chladaigh
A chonac uaim é, sliogán muirín
Á leathadh féin faoin ngrian

Ag barra taoide, agus aoibh air
Mar a bheadh sé ag maíomh gur rug sé
Baindia an Ghrá i dtír in athuair.

Agus mar gur rugais barr gean ó Bhéanas deas
Thíolacas duit é, agus le fáinne geal
Na farraige mórthimpeall orainn,

Phósamar in athuair ar Oileán Diúra,
Sinn ag feitheamh ar bhád farantóireachta
Go hoileán ar oileán ag síneadh i ndiaidh a chéile.

Remarriage on the Isle of Jura

Radiant on the shingle stones
I spotted it first, a scallop-shell
Stretching itself under the sun

At high tide, beaming
With delight at having conveyed
The Goddess of Love ashore again.

And since you still outshine sweet Venus,
I tendered it to you, and with the bright ring
Of the surrounding sea encircling us,

We married again on the Isle of Jura,
As we waited to be ferried to island upon
Island surpassing itself in the distance.

Geit Áthais ar Oileán Bharra

Gíoscán doras Chill Bharra, agus an solas
Ag sileadh ar leacacha mhórchúiseacha
Na bhfear uasal, claíomh agus clogad
Greanta san ord agus san eagar cheart,
Giolla na haimsire á bhfaire leis na cianta.

Agus taobh thiar díobh, ar altóir shimplí
Lonnrach le *Ronseal*, i measc sliogán na trá,
Pósae ó *Herbarium*, crosóga tuí
Agus líníocht páistí, b'shiúd Bríd Chill Dara,
A súile dírithe in airde ar na frathacha,
Ar an tuáille *chainstore*, an líon *monofilament*
A bhí lonnaithe ansin fúthu go himpíoch,
Beag beann ar ghinealach is ar sheandacht.

Ag tiomáint thar nais dom go dtí an lóistín,
M'aigne ag spaisteoireacht, b'shiúd thíos iad
Ar roisín gainimhe ag gobadh amach
I mbarra taoide, iad tirim ar éigin:
Ealta roilleach, giollaí Bhríde,
A gclúmh dubh agus bán ina shailm
Peannaireachta ar an ngaineamh,
Fáinne a súl ar bís chun sliogán,
Agus a ngob fada dearg le gaoith.

D'fhanas scathaimhín á bhfaire,
Ag cuartú focail ar bith a chuimseodh
An *serendipity* a bhí le brath ar muir
Ar spéir is ar talamh. De gheit,
Do phíob mo chroí, agus d'eitil.

Surprised by Joy on the Isle of Barra

The door of Cill Bharra creaked and the light
Spilled onto the imposing grave-slabs
Of the aristocracy, sword and helmet
Engraved in correct rank and precedence,
The weather their squire through the ages.

And behind them, on a simple altar
Glowing with *Ronseal*, among the seashells,
A posy from *Herbarium*, straw crosses
And children's drawings, there was Brigid of Kildare,
Eyes lifted to the roof-beams.
On the chainstore towel, a monofilament net
Set imploringly below her,
Oblivious of lineage and antiquity.

As I drove to the B&B, my mind
All over the place – there below!
On a small spit of sand reaching out
Into the high tide, barely dry:
A flock of oystercatchers, Brigid's birds,
Their black and white plumage a psalm
Of calligraphy in the sand,
Their ringed eyes eager for shellfish,
Long red beaks set into the wind.

I stayed awhile watching them,
Sifting for a word to encompass
The serendipity that infused the air
And land and water. All at once,
My heart piped up, and away it flew.

Surprised by Joy ...

Ní féidir liom fós tiomáint thar abhainn
In Áth Dara, gan *Slán Le Máighe*
A chloisint á ardú go cúthaileach agat,
Mar gurbh caor, craobh agus cuach
Ba dhual i gcónaí duit agus dúchas
Seachas loime agus faobhracht na farraige
A thaobhaíos féin níos minice.

Agus fós tar éis seacht mbliain, iompaím
Le geit iontais seabhac a fheiscint
Croctha gan bogadh os cionn faille,
Na gloiní íslithe agam od lorg
Chun creathadh ar éigin sin na sciathán
A rianú agus a roinnt leat.

Agus go leor eile: an fál nua ag tabhairt fothaine,
Na bláthanna móinéir a chuireas ag fás go rábach anois,
Teacht is imeacht páistí, tráchtas a scríobhas,
Dánta a foilsíodh, leabhair le foilsiú,
Clingireacht na dtréad cois locha sa tSlóibhéin,
An solas ag sileadh trín duilliúr ar an sliabh.

Agus éist! Tá rón ag ceol amuigh ar Charraig Éanna.
Ach táir gluaiste intíre, i bhfad siar thar abhainn.

Surprised by Joy ...

Still I cannot drive across the bridge
In Adare, without hearing the tentative
Notes of you rising up *Slán Le Máighe*
Because it was berry, branch and bird
That were ever in your birth and breeding
More than the bare and edgy seashore
That was the haunt I favoured.

And still after seven years I turn around
Abruptly, all agog to see a hawk
Hung unstirring above the cliff-edge,
My binoculars lowered to find you
So that I can show and trace and share
The curves of those barely trembling wings.

And so much more: a new hedge for shelter,
Those meadow flowers I'm trying out,
The kids coming and going, my dissertation,
Poems published, books to be published,
The tinkling of lakeside cattle-bells in Slovenia,
Light slanting through foliage on a mountainside.

And listen! A seal is singing out on Carraig Éanna.
But you've gone inland now, far beyond the river.

Marbhna Oisín

i.m. Oisín O'Mahony, naíonán

Mar gur ar éigean ar shroich tú Tír na nÓg
Sular sciobadh arís siar thar farraige thú
Mar nár thuigis riamh draíocht na dúthaí sin
Ná fós arís a bheith dá ceal
Mar ná rabhais riamh faoi gheasa chinn óir
Ná aon chapall bhán faoi smacht na lámha agat
Mar nach raibh agat aon agallamh le seanóirí
Ná seanchas peile, ná camán id lámh agat
Mar gur robáladh an taisce a shamhlaigh d'athair duit
Agus aisling gheal do mháthar
Is id dhiaidhse atáthar, Oisín, is tá an saol ar fad
Titithe as a riocht, mar ghaiscíoch ón diallait.

Lament for Oisín

i.m. Oisín O'Mahony, infant

Because you had barely arrived at Tír na nÓg
Before you were swept back out to sea again;
Because you never realised the magic of that place
Nor yet again what it is to lose it;
Because you were never spellbound by golden hair
Nor held the reins of a white horse in your hands;
Because you had never conversed with old men,
Never talked football, nor gripped a hurley;
Because your father was robbed of the treasure he imagined,
And your mother of her brightest dreaming;
We are forlorn, Oisín, and the whole world
Has tumbled to the ground, like a hero from the saddle.

Ar Chósta Malabar

do Ghabriel, le buíochas

Agus chonac gur thángadar go dtí an bruach
Sa chóntráth agus teas an lae ag maolú,
Mná stádmhara na gcailleacha fada dubha
Ag taibhsiú go ciúin ina nduine is ina nduine
Ina seasamh le hais a chéile ag barra taoide
Gur dhein aon líne amháin dorcha fad na trá
Fad líne chúrach na toinne a thagann ina suaill
I bhfad aniar chun briseadh ar chósta Malabar.

Chonac páistí leo agus ógánaigh le eitleoga
Ar cleitearnach i mbéal na gaoithe, leoithne sáile
Á gcorraí, is ag muirniú freisin éadan na mban,
A gceann tógtha, ar bís chun na cumhrachta.
Agus ardaíodh leis sin dordán amhránaíochta
Ar foluain os cionn an tslua, ar nós ealta focal
Ag cantaireacht faoi cheilt, na mná ag stánadh
Amach thar luí na gréine, siar i dtreo na hAráibe.

On the Coast of Malabar

for Gabriel, with gratitude

And I saw that they came to the shore
At dusk as the day's heat was easing,
Women stately in their long dark robes
Approaching one after the silent other
To stand close along the high tide mark
Until they formed a single line on the beach
The length of a breaking wave that had swelled
From the far west to the coast of Malabar.

I saw children too, and teenagers with kites
Fluttering in the wind's mouth, that salt breeze
Stirring them, and caressing the women's brows,
Their uplifted heads eager for the fragrance.
And gradually a humming rose from the crowd
To circle overhead, as if it were a flock of words
Chanted from a secret place, the women staring
Far beyond the sunset, westward towards Arabia.

Paidir Oíche

do Shiobhán Ní Fhoghlú

Gabhaim buíochas as an lá míorúilteach seo atáim díreach tar éis a
    chaitheamh
Mar ar maidin chuas ag rith ar an dtrá (ag m'aois-se) agus d'éirigh liom,
Cé go rabhas mall, rith tríd na scamaill – na scáileanna tá's agat a
    chíonn tú
Ar an ngaineamh fliuch díreach ar imeall na taoide – agus níor thiteas.

Agus dheineas anraith, go leor don lá inniu agus cion ceithre lá
    eile sa reoiteoir,
Agus thirimíos dhá líne níocháin, agus i measc cleitearnach agus
    slapar
Na mbraitlíní rith línte anseo is ansiúd liom agus scríobhas agus
    chlóscríobhas
An dán tráthnóna – ní hé an ceann seo é – agus táim sásta leis, is
    dóigh liom.

Agus anois díreach sa choimheascar chualas don gcéad uair i
    mbliana an chuach
Agus cé gurbh im chluais chlé ar mhí-ámharaí an tsaoil a chuala í,
    do chasas
Deiseal ar an dtoirt (agus ar ámharaí an tsaoil) agus tríd is tríd
    táim meáite
Go mbeidh rath ar an mbliain agus ormsa agus ar ghach aon
    neach faoin spéir.

Night Prayer

for Siobhán Ní Fhoghlú

I offer up thanks for the miraculous day I have just passed
Because this morning I ran on the beach (at my age) and
    succeeded,
Although I was slow, in running through the clouds – you know,
    the reflections
On the wet sand just at the edge of the tide – and I didn't fall.

And I made soup, enough for today and for four more days in the
    freezer,
And I dried two lines of washing, and between the flap and the
    flutter
Of the sheets a few lines came to me and I wrote and typed out
The poem this evening – I don't mean this one – and I'm happy
    with it, I think.

And just now in the twilight I heard, for the first time this year, a
    cuckoo
And although it was inauspiciously in my left ear that I heard it, I
    spun around
Clockwise on the spot (and auspiciously) so taking all things
    together, I'm determined
That the year will turn out well for me and for every single being
    under the sun.

IV

An Logainmneoir

do Bhreandán Ó Cíobháin

Stopann sé scathaimhín ag Carraig Coiscéim,
Ag meá rithim an uisce a scéitheann isteach
Agus amach de réir rúibricí na haimsire.

N'fheadar sé an guth na n-áitreabhóirí
Nó foghar na toinne, nó seanchas ar foluain
Fós ar an ngaoth a rug go dtí an ball seo é.

Ach tuigeann sé chomh tromchúiseach
Is atá an choiscéim seo, cé gur beag
Idir an charraig seo agus an charraig thall.

Tuigeann sé gur beag idir ainm is anam,
Gur mór idir friotal agus balbhacht,
Gur beag idir taobh tíre agus iontaobhas.

Tógann sé an choiscéim, coiscéim a fhágann
Lorg ar an aer. Cromann sé láithreach
Ar nótaí a bhreacadh dá leabhar athgabhála.

Toponomist

for Breandán Ó Cíobháin

He lingers for a space at Carraig Coiscéim,
Weighing the rhythm of the tide surging in
And out following the weather's rubric.

He doesn't know if it is the inhabitants' voice,
The utterances of the tide, or folklore floating
Still in the air that brought him here.

But he knows full well just how essential
This footstep is, although there's little between
This rock over here and that rock over there.

He knows there is little between naming and animating,
That there is much between articulation and silence,
That there is little between landscape and inscape.

He takes the footstep, a footstep that leaves
An imprint on the air. There and then he begins
To jot down notes for his book of repossession.

Coiscéim Aimhirghin

Agus a chos dheis á leagan ar an dtalamh aige, dúirt Aimhirghin:
Mé gaoth ar muir
Mé tonn díleann
Mé glór mara
Mé damh seacht gcomhrac
Me fiolar ar fhaill
Mé deor drúchta faoin ngréin
Me áilleacht fáis
Mé torc ar ghail
Me bradán sa linn
Mé loch ar mhá
Mé suí eagna
Mé ga faoi bhua ag slaí sa chath
Mé dia a adhnann tine sa cheann

    Cé a dheineann réidh clochán sléibhe?
    Cé a chaitheann solas ar chruthanna na gealaí?
    Cé fhógraíonn cá luífidh an ghrian?
    Cé a threoraíonn tonnta réaltacha mar bha na mara?
    Cé air a shoilsíonn na tonnta réaltacha sin?
    Cen dream, cén dia a chuireann faobhar ar lanna i ndún ailse?
    Caoineadh na nga. Caoineadh na gaoithe.

The Amergin Step

Setting his right foot on the land, Amergin said:
Am wind on sea
Am wave swelling
Am ocean's voice
Am stag of seven clashes
Am falcon on cliff
Am sunlit dewdrop
Am rarest of herbs
Am boar enraged
Am salmon in pool
Am lake in plain
Am learning's essence
Am sharpened spear dealing death
Am god who kindles fire in the head.

Who makes smooth the stony mountain?
Who elucidates the lives of the moon?
Who proclaims where the sun will rest?
Who leads starlit waves like cattle from the ocean?
On whom do those starlit waves smile?
What troop, what god edges blades in a plague-struck fortress?
Keening of weapons. Keening of wind.

Freagra Scéine ar Aimhirghin

Más tusa gaoth na mara
   Is mé an fharraige om shearradh féin faoid leoithne
Más tonn díleann thú
   Is sliogán folamh mé ag tnúth led theacht
Más tú gáir na stoirme
   Is mé lapadaíl na taoide i mbrothall nóna
Más damh seacht gcomhrac thú
   Tiocfad go mánla chugat ar aiteann
Más seabhac thú ar an bhfaill
   Beannód thú le liricí fuiseogacha
Más deoir drúchta faoin ngréin thú
   Brúfad féar na maidne leat
Más tú is áille a fhásann
   Bláthód leat bliain ar bhliain
Más torc ar mire thú
   Cuirfead geasa gháire ar na fiacla fada agat
Más bradán thú sa linn
   Meallfad cuileoga ina gcéadta chugat
Más loch ar mhá thú
   Raghad go tóin poill ionat
Más tú rún na héigse
   Mise na naoi mBéithe agat
Má bhíonn faobhar ort chun troda
   Cuirfead ceangal na ceanúlachta ort
Má bhíonn tinfeadh á adhaint sa cheann agat
   Séidfead síol na tine duit

Tá fhios ag mo chroí istigh cé réitigh an bealach dom,
Cé ba réalt eolais, cé bhronn grian agus gealach orm,
Is in ainneoin na gcloch seo, agus an solas ag dul in éag,
Mairfead scáth ar scáth leat, focal ar fhocal leis an ngaoth.

ag uaigh Scéine, 21 Nollaig 1999

Scéine's Reply to Amergin

If you are the wind on the sea
    I am the water tingling under your breeze.
If you are a wave in flood
    I am an empty shell dreaming of your coming.
If you are the roar of a storm
    I am the tide lapping in the noon heat.
If you are the stag of seven horns
    I will pick my way to you gracefully through furze.
If you are a hawk on the cliff
    I will bless you with lyrics of larksong.
If you are a dewdrop in the sun
    I will bruise the morning grass with you.
If you are the fairest of flowers
    I will blossom year upon year with you.
If you are a maddened boar
    I will charm your tusks into laughter.
If you are a salmon in the pool
    I will lure infinities of insects to you.
If you are a lake in the plain
    I will plumb your very depths.
If you are the essence of poetry
    I am all of your muses.
If you are edging towards a fight
    I will bewitch you to bluntness.
If you are kindling inspiration in the mind
    I will blow on the seed of the fire for you.

I know in my heart who made the way smooth for me,
Was a star of knowledge for me, gave the sun and moon to me,
And though the stones close in, and light moves towards its end,
We will shadow one another, word for word with the wind.

21 December 1999, at the grave of Scéine

Labhrann Érannán

Mise i dtosach a chonaic, naoi dtonn amach,
Crochta in airde ar chrann seoil na loinge,
An tír mar thairngireacht romham ós cionn an cheo.
Ach ba ag an neomat gur scaoileas uaim an gháir

Gur ghabh creathán grod ó thosach deireadh na cíle,
Gur bhris an crann, gur caitheadh siar amach
Ar chúl mo chinn ar an gcarraig mé, gur slogadh
Isteach sa tsáile mé, gur idirshaolaíodh mé

Im neach farraige ar charraig cois cósta,
Im aonarán féachana, im aonarán éisteachta
Ag an dul i dtír agus ag gach a d'eascair as:
Deasghnátha, tithe agus glór páistí ar an dtrá.

Chuala uaim iad, an bád ag siosarnach
Suas ar an ngaineamh, an liú caithréimeach,
Torann na rámha á dtarraingt ar bord,
An fuadar chun chladaigh, agus focla tromchúiseacha

Mo dhearthár ag scaothaireacht leis gurbh é
Féin an ghaoth, féin an seabhach, féin an bradán,
Féin an uile ní beo ar bith, agus neamhbheo
Siúd ná mairfeadh trí lá ar an gcarraig seo,

Le báirnigh á scríobadh, faoileáin á chiapadh,
Agus gan ach cleasaíocht focal mar scáth aige
Seachas dúire sin na carraige atá anois buanaithe
Go docht im aigne. Mar is gá dom. Mar is fuath liom.

Tonn i ndiaidh toinne om bhascadh, om thachtadh
Le cúr mire mar a bheadh bainne cíche na Baidhbhe,

Éránnán Speaks

It was I who first saw it, over nine waves
From my perch high in the rigging,
The land like a prophecy over the mast.
But it was on the very instant I yelled out

That the keel shook from stem to stern,
The mast split, I was flung out
On my head on the rock, was swallowed
Back into the saltwater, was otherworlded

Into a sea-being on an offshore rock,
A lone witness, a lone listener
To the landing and to all that ensued:
Ceremonies, houses and children's voices on the beach.

I heard it from a distance, the boats whispering
Up onto the sand, the great fanfaronade,
The clamorous shipping of the oars,
The scramble onto shingle, and the ponderous words

Of my brother windbagging that he himself
Was wind and wave, was hawk and salmon,
Was all being that lived, and did not –
Himself who wouldn't last three days on this rock,

Harrowed by limpets, tormented by gulls,
With only the trickery of words to shelter him
Instead of the rocky stubbornness now calcified
Firmly into my soul. My essence. My hate.

Wave after wave battering me, choking me
With crazed foam like the breast milk of the Fury,

Om bheathú chun báis, is an fheamainn ghoirt
Om lascadh gan staonadh chun beatha arís.

Mhaíodar gur cuireadh thall mé, le Scéine,
Ansiúd ar an gcnoc, faoi chlocha arda
Chun mé a threorú chun gealaigh agus gréine
Maíomh chomh folamh leis an uaigh féin.

Conas a chuirfí nach raibh ann le cur?
Mo chorp i smidiríní spéire agus farraige,
Gan chliabhán, gan uaigh, scoite amach ar charraig
Idir chósta mo dhúchais agus cósta mo mhéine.

Níor leagas mo chos ar thalamh úr, níor chanas
Aon fhocal a mhaireann, níor ghabhas seilbh
Ar aon dúthaigh, níor luadh aon scéal liom
Ach mar a bheadh iarmhír ann, nó as.

Táim níos faide siar ná cuimhne na ndaoine,
Ann ar éigin ar Charraig Éanna. Ach éist:
Tá mianach sa charraig, lá i ndiaidh lae,
Ná faightear sa bhfoclaíocht is buaine ar bith.

Nurturing death in me, then the bitter seaweed
Whipping me relentlessly to life again.

They claimed I was buried there with Scéine,
Over there on the hill, under standing stones
To direct me towards the sun and the moon –
A claim as vain and empty as the grave itself.

How can you bury what is not there to be buried?
My body fragmented into sea and sky,
Without cradle, without grave, outcast on a rock
Between my native shore and the shore of my longing.

I did not set foot on new land, did not sing
Words that lasted, did not appropriate
Any territory, played no part in stories
But as an afterword, neither here nor there.

I go back farther than race memories,
Barely here on Carraig Éanna. But listen:
There is mettle in the rock, day after day,
Not found in the longest of long-lasting words.

Labhrann Donn

Is mé dorchadas m'ainm féinig,
An taobh thall den ngealach,
Deireadh báire na gile,
Tóin an mhála fáiscithe.
Is mé a mhúchann an dé deiridh.

Formad le mo dheártháir, adúradar,
A tharraing mí-ádh orainn araon,
Sea, agus cíochras míchuíosach chun troda
Ba chúis nár roinneadh Éire liom.
Bladar. Fuath do ghach aon neach beo
Agus cíochras chun féasta na gcnuimh
Is bun le mo ríocht. Agus féach!
Éire gan roinnt ag triall ar mo thigh-se.

Donn Dumhach. Teach Duinn.
Níl cion ar ainm an oileáin.
Luaitear tarbh liom, bó agus lao faram.
Bídís ag iníor tamall.

Ní thagann iascairí im ghaobhar
Ar eagla a slogtha scun scan
Ins na roithleáin timpeall orm.
Ach tá traimilí foighne agam,
Agus línte ná briseann.

Tá tigh solais ar an oileán
Agus dord a fhógraíonn ceo.
Ach slogaimse dríodar gach solais
Agus sním mar cheo trí phollairí na marbh.

Donn Speaks

I am the darkness of my own name,
The far side of the moon,
The final end of brightness,
The narrowing *cul de sac*.
It is I who chokes off the last breath.

Envy of my brother, they said,
Brought bad luck to both of us,
Yes, and an inordinate bloodthirst
Meant no part of Ireland was for me.
Bullshit. Hatred towards all living beings
And a thirst for the feasting of worms
Is my right of kingship. And look!
The whole of Ireland travels towards my house.

Donn of the Dunes. Donn's House.
The name of the island is not liked.
I am known as a bull. The cow and calf are close.
Let them graze awhile.

Fisherman don't approach me
For fear they'd be swallowed whole
In the maelstrom around me.
But I have trammels of patience
And cords that will not break.

There is a lighthouse on the island
And a horn that trumpets fog.
But I swallow the dregs of all light
And I flow like a mist through the nostrils of the dead.

Tá mo chapall cloiste agat
Go doimhin san oíche. Téanam go luath
Ag marcaíocht ar na dumhacha.

You have heard my horses
In the dead of the night. Come with me soon
To ride on the dunes.

Díthreabhach, Drom Caor

Ní bhfaightear do thuairisc
I gcruas na cloiche,
Ná sa bhfoirfeacht gan ainm
Atá in ealaín do chroise.

Ach chítear do bheannacht
A bhí faoi cheilt insa gcaonach,
Ina bhoige is ina ghlaise
Faoi dhealán obann gréine.

Agus fógraítear morthimpeall
Nach bhfuilir id aonar,
I gceiliúireadh na mbeach
Is an éanlaith ag glaoch ort.

Hermit, Dromkeare

You are not found ingrained
In this hardness of stone
Or the anonymous art
Chiselled on your cross.

But your blessing emerges
From its nest in the moss,
Tendering green softness
In a sudden gleam of sun.

And the air is insistent
That you're not alone here
As bees concelebrate
And birdsong invokes you.

An Géarchaoineadh, Sceilg Mhichíl

do Mhícheál Ua Ciarmhaic

Bean An Uaill a luaitear liom go minic. N'fheadar.
Táim chomh fada sin cromtha im charraig
Ná cuimhin liom bheith baineann ná fireann,
Ná feadar an caointeoireacht fir nó caointeoireacht mná
A bhíonn anois agam, nó a bhí ariamh agam..
Caointeoireacht chloiche, seachas aon rud eile.
Seachtarach do gach aon rud eile. Scoite.

Táim ag caoineadh réabadh na carraige,
An chloch chruaidh scoiltithe uaithi féin,
Na leaca a leagadh ina gcéimeanna,
Á gcasúiriú chun cruiceogachta, á smachtú
Ag clingireacht clog, ag crónán paidreacha.
Táim ag caoineadh na carraige ina smionagar
Ag púdar buile innealltóirí, failltreacha
Brúite, briste chun bóthair, chun tí solais.
Táim ag caoineadh mo dhíothú féin,
Mé athmhúnluithe ag oilithrigh is ag aimsir.

Tá mo dhá lámh sínte romham amach
Agus uaireanta tagann éanacha chugam,
Ag déanamh, mar dhea, neamhshuim díom
Is de mo dhúire, a súile is a gclúmh
Ar bís chun aeir agus chun solais.
Ach tagann siad fós ag tuirlingt orm
Faoi mar ba naomh mé i seanscéal,
Mar a bheidís faoi gheasa ag mo chaoineadh.

Tá Críost a chaoineadh agam, mar adeir siad,
In éineacht le mná caointe Iérúsaileim.

The Wailing Woman, Skellig Michael

for Mícheál Ua Ciarmhaic

The Wailing Woman, they mostly call me. I don't know.
I am so long bent over into stone
That I don't remember being man or woman,
I don't know if it's a man's keening or a woman's
I make now, or ever made.
A stone keening, more than all else.
External to all else. Alien.

I wail for the rupturing of the rock,
The adamant rock splintered from itself,
The slabs being set into steps,
Hammered into beehive huts, dominated
By tinkling bells, the drone of prayer.
I mourn the rock in smithereens
By the crazed powder of engineers, cliffs
Battered and bruised into a road, a lighthouse.
I am wailing for my own uprooting,
My transformation by pilgrims and the weather.

My hands are spread out before me
And sometimes birds come to me,
Pretending to ignore me,
Ignore my hardness, their eyes and plumage
Eager for air and for light.
But they still come to land on me,
As if I were a sainted legend,
As if they're in thrall to my wailing.

I wail for Christ, as is rightly said,
With the wailing women of Jerusalem.

Ach táim ag caoineadh freisin na mná caointe
Ar fad, thoir, thiar, thuaidh agus theas,
Lámh spréite acu chun cheamara, lámh eile
Ag dáileadh bratacha ar ógánaigh.
Táim ag caoineadh na gcaointeoirí
Is iad ag ceiliúradh na caointeoireachta abú.

Táim ag caoineadh glúinte gonta na noilithreach
A ghabh tharam ag siosarnach píonóis.
Táim ag caoineadh mo bhodhaire féin dá bpaidreacha,
Is a mbodhaire siúd do hósanna an aeir ina dtimpeall.

Táim cromtha faoi ualach na gealaí,
Faoina reoiteacht; faoina séanadh
Mí i ndiaidh míosa, rabharta i ndiadh rabharta,
Gurb í mo mháthair í agus máthair na farraige,
Gurb í tuile agus trá, dá hainneoin féin.

Ach umhlaím gach maidin roimh ghealadh an lae
Anoir chugam ón mhórthír, mo dhrom
Go diongabháilte le dul faoi na gréine,
Mar gur mó liom soineantacht an tsolais ar maidin
Ná ciall cheannaigh an dorchadais i ndeireadh an lae.
Agus coinneod m'aghaidh mar fhuinneog altóra
Chun an oirthir, ag súil le fuipíní áiféiseacha
Ag filleadh arís is arís le gobanna ioldaite lán éisc.

But I wail also for the wailing women
Everywhere, east, west, north and south,
One arm spread to the camera, the other
Distributing flags to the young.
I mourn for the mourners
Who celebrate the mourning.

I mourn for the raw knees of pilgrims
Who pass by me whispering punishment,
I mourn my deafness to their prayers
And their deafness to the hosanna of the surrounding air.

I am bent under the weight of the moon,
Her iciness; of her denial,
Month after month, tide after spring tide,
That she is my mother and the sea's mother,
That she is, in spite of herself, the flow and the ebb.

But I bow each morning before the dawn
Rising to me from the mainland, my back
Resolutely to the setting sun,
For I value the innocence of morning light
More than the dearly bought knowledge of evening darkness.
And I will keep my face like an altar window
To the east, waiting for ludicrous puffins
Coming again and again with multicoloured, fish-brimming beaks.

Eadarlúid Oíche Gaoithe

Ar sos siúlóide ón bpeannaireacht
Beirim ar thigh solais na Sceilge
Idir scamaill agus réaltanna
Ag uainíocht gaetha fada fuarchúiseacha
Ar thigh solais Oileán Doinn ó dheas.

Samhlaím Ir agus Donn ina mbun,
Cuimhní goirte sáile ag crá na beirte,
Iad ag breacadh cóid rúnda solais
Idir a chéile oileánacha, dréachtanna seifte
Don athscríobh, don Leabhar Nua Gabhála.

Interval on a Windy Night

Strolling, on a break from writing,
I catch the Skellig lighthouse
Between clouds and stars
Alternating long, calculating beams
With the lighthouse on the Bull to the south.

I sense Ir and Donn behind all this,
Both tormented by bitter, salty memories,
Swapping secret coded messages
Between their islanded selves, draft plans
For the rewrite, for the New Book of Invasions.

Oileánú

Tá an Sceilg iata ag an aimsir.
Gaoth ag éirí arís. Grian agus scamaill
In iomarbhá airgid agus luaidhe
Go geal éatrom, go dubh trom, fuadar
Agus fuirse faoin bhfarraige atá meáite
Ar oilean i ndiaidh oileain aonair
A chruthú ar dhromchla na cruinne.

Ní ann do Uíbh Ráthach ná do Bhéarra.
Ar fhíor na spéire, chím, ar éigin,
An Scairbh, Duibhinis, Oileán Dá Cheann
Ag síneadh uaim, smeadar i ndiaidh smeadair,
Ó dheas isteach sa gceo, amach san aimsir.
Mar sheilimide éigin farraige, cúngaím isteach
Ionam féin, im pheann luaidhe, insan oileán.

Islanding

Skellig is enclosed by the weather.
Wind rising again. Sunlight and clouds
In a silver and lead contest
Of airy light and heavy dark, a hustle
And bustle driving a sea that's determined
To create island after solitary island
All over the surface of the world.

Iveragh and Beara have disappeared.
On the horizon, I make out, just,
Scariff, Deenish, Two Head Island,
Stretching from me, smudge after smudge,
Southward into the fog, out into the weather.
Like some sea-snail or other, I shrink
Into myself, into my pencil, into the island.

Reic na Sceilge

Sceilg Mhichíl ar reic is ar díol
Trí chamastaíl ghiollaí an stáit seo,
A chúlaigh go rúnda ó chúram an dúchais
Ar son scillingí suaracha *Star Wars*.

Lúnasa 2014

Skellig a Rock-bottom Deal

Sceilg Mhichíl's just a rock-bottom deal
Through the devious schemes of its guardians
Retreating in secret from their vow of safekeeping
For the miserable shillings of *Star Wars*.

August, 2014

Cailleach Chloiche Bhéarra

Tá tú préachta, a chréatúir,
Id staic chloiche i mBéarra,
Agus rian na gaoithe
Is na gréine greanta
I línte do chreimithe,
Rian na mblianta
Ins na ribí liatha
De dhuileascar na gcloch
Is folt duit anois,
D'aghaidh dírithe ar thrá
Agus tuile na farraige.

Tusa a mhaígh
Go mbítheá fite fuaite
Le ríthe buacha,
Tusa a thug dúshlán
Naomh agus cléireach,
Is ná tabharfá an t-éitheach
Do Mhac Dé féin
Bheith lúbtha id ghéaga,

Tusa go bhfuil rian do cholainne
Ainmnithe ar fud na dúthaí,
Cíoch anseo, cúm ansiúd,
Srón, fiacal agus folt
Fós od thuairisc, fós
Ag siosarnach scéil do scéil,

Tusa a dhein mórtas
As bronntanais ríthe,
Éadach fíneálta,
Capaill agus carbaid,

The Stone Woman of Beara

You're petrified, you poor thing,
Into a stone pillar in Beara,
The harrowing of the wind
And ravaging of the sun
Scored into your sides,
The passage of years
Dried into the grey strands
Of stony lichen
That cling to you,
Your face turned to the ebb
And flow of the tide.

You who boasted
Of being twined
Around triumphant kings,
You who defied
Saints and clerics,
You who would not shrink
From the Son of God himself
Being limb upon limb with you,

You whose shape and weight
Are named all over the land,
A breast here, a hollow there,
Nose, tooth, flowing hair
Still recalling you, still
Whispering rumours of sightings,

You who gloried
In the gifts of kings,
Silks and fine linens,
Horses, chariots,

117

Fíon den scoth,
Féach anois thú
I dtuilleamaí tabhartas
Ní ó rí ná aire
Ach ón gcosmhuintir
Ag gabháil thar bráid:
Pinginí meirgeacha
Á bhfágaint ag fámairí
I roicne do chraicne,
Sliogáin is coinnle
Á gceangal le chéile
Acu siúd atá ag lorg
Faoisimh ón gcathair,
Fraoch agus caonach
Fite fuaite in éineacht
Ag ógánaigh phéacacha
I bhfochar a chéile
I ngrianghraf gléineach.
Is ar mh'anam nach bhfuileadar
Ríonach agus ríoga!

Ach tusa, a chréatúir,
Anseo i mBéarra
Ag stánadh ar an bhfarraige
Le radharc na Caillí Béarra
Glan gléineach ar deireadh:
Tá do rabharta mhór ar deireadh tráite,
Ár ndála uile, gan súil le tuile.

And the rarest of wines,
Look at you now
Dependent on offerings,
Not from kings or ministers
But from commoners
Passing the way:
Rusting small change
Deposited by tourists
In the folds of your skin,
Shells and candles
Netted together
By those who seek
Sanctuary from the city,
Heather and moss
Plaited and twined
By golden lads and lasses
Wrapped around themselves
In a lucent photograph.
And are they not truly
Prince and princess!

But you, you poor thing,
Here in Beara
Staring at the sea,
Your fabled vision
Finally and perfectly clear:
Your spring tide has in the end
Ebbed, as all our tides, beyond return.

Ag Éisteacht Le Dord na nDamh

do Frank Lewis

Tá an ghrian ag suirí leis an ngeimhreadh sa ghleann
Agus glór ag teacht anall is abhus ar an aer,
Dord mór-is-fiú ag sní ó bheann go beann.

Idir sinn agus léas, faobhrach mar lann,
Féach an damh seacht mbeann greanta ar an spéir.
Tá an ghrian ag suirí leis an ngeimhreadh sa ghleann.

Éist bodhrán an dúlra á bhualadh le fonn,
Píobaireacht na n-éan ag freagairt dá réir
Agus dord mór-is-fiú ag sní ó bheann go beann.

Maireann dord sleá na Féinne i gcuimhne na gcrann
Atá rábach le duilliúr, le cnó is le caor.
Tá an ghrian ag suirí leis an ngeimhreadh sa ghleann.

An ceol is ceolmhaire amuigh, sin ceol gach ní atá ann.
Tá bithnóta ceoil anois á sheinm inár ngaobhar
Agus dord mór-is-fiú ag sní ó bheann go beann.

Tá an glór seo le cianta i scéal agus rann,
Is má chailltear an macalla, díolfar as go daor.
Tá an ghrian ag suirí leis an ngeimhreadh sa ghleann,
Agus dord mór-is-fiú ag sní ó bheann go beann.

Cill Áirne, Deireadh Fómhair 2003

Listening to the Roaring of the Stags

for Frank Lewis

The sun is making love to winter in the glen
And a voice can be heard echoing here and there,
An imperious ululation that rolls from ben to ben.

Between us and the light, sharp as a bladed edge,
See the seven-horned stag etched into the air.
The sun is making love to the winter in the glen.

The elemental drumming is more and more intense
As the piping of the birds becomes antiphonal prayer,
And that imperious ululation rolls from ben to ben.

The spear-wail of the Fianna lives on in branch and stem
With leaf and nut and berry in rampant display,
While the sun is making love to the winter in the glen.

The music of what happens is music without end
And a universal note now permeates the air,
An imperious ululation that rolls from ben to ben.

This voice has called through ages in story and in verse
And if we lose its echo, the loss will cost us dear.
The sun is making love to winter in the glen
And that imperious ululation rolls from ben to ben.

Killarney, October 2003

Seachrán Sí

do Phádraig Mac Fhearghusa

I lúb na coille
    Go doimhin san oíche,
Do gheal go léir
    Curtha ina dhubh ort,
Siosarnach na nduilleog
    Ag síorfhonóid fút,
Is tú i ndeargbhaol
    Imeacht le craobhacha,

Ní mór duit stad
    Díreach mar a bhfuilir,
Do cheann a chóiriú
    Bun os cionn,
Do shúile a dhíriú
    Droim ar ais,
Is an féin istigh
    A iompó glan amach.

A Fairy Floundering

for Pádraig Mac Fhearghusa

In the bend of the wood
    Deep in the night
All of your brightness
    Gulled into darkness
The whispering leaves
    A constant derision
Tempted to do a flyer
    Away with the birds,

You must stop dead
    Still where you are
Position your head
    Upside down
Direct your eyes
    Back to front
And turn your inner self
    Clean inside out.

Ceangailte

Tá an ceo ina shrathar fhada
Ag luascadh ar dhá thaobh
Drom an Bhlascaoid.

Beag beann ar ár leithéidí
Tá an t-oileán ag treabhadh leis
Ag iompar ualach na farraige.

Harnessed

The mist hangs and sways
Like turf-creels on either side
Of the Blasket's backbone.

Oblivious of the likes of us
The island ploughs on
Bearing the burden of the sea.

Bean Chrúite na Bó

Ag crú na bó a bhí an bhean, ar a sáimhín só
Mar a bhíodh, Domhnach is dálach, ar an stól,
An bhó ar éigin ag bogadh, ag tál
Go toilteanach faoi mhealladh na lámh
A raibh aithne aici orthu agus acu siúd
Uirthi, an chlingireacht sa bhuicéad mar cheol
A raibh sean chleachtadh ag an mbeirt air.

Le rithim na crúite agus solas an tráthnóna
Ag beannú di trín doras leath-oscailte,
As cúinne éigin dá cuimhne, dá seanchuimhne,
Tháinig rabhchán beag neafaiseach chuici, agus d'oscail
A béal agus chan. Thál an bhó léi, á tionlacan.

Líon an cró le ceol, an buicéad le bainne.

Bhuail clog go toll lasmuigh. Chuala sí
Guthannna, scáileanna ag dul thar bráid.
Chuir sí uaithi díomhaoine an amhráin.

Scoilt an tráthnóna le breithiúntas, agus chrónaigh.

Ghéaraigh aigne na mná. Ghéaraigh a lámha
Ar shiní na bó. Chorraigh an bhó cos mhíshuaimhneach.
Ghéaraigh an tráthnóna mar a ghéaródh bainne.

Woman Milking

The woman milked the cow, at her ease
As always, Sundays and weekdays, on the stool,
The cow barely stirring, yielding
Willingly to the persuasion of hands
She knew as well as they knew
Her, the tinkling in the bucket
Like music long familiar to the pair.

With the rhythm of milking and the evening light
Hailing her through the half-open door,
From some part of her memory, her old memory,
A few trivial verses came to her, and she opened
Her throat and sang. The cow yielded, accompanying her.

The byre filled with music, the bucket with milk.

A bell tolled somewhere outside. She heard
Voices, sensed shadowy figures passing.
She cast aside the idleness of the song.

The evening was riven with judgement, and darkened.

The woman's mind stiffened. Her hands stiffened
On the cow's teats. The cow stamped an uneasy hoof.
The evening soured, like tainted milk.

Labhrann an Chailleach

do Ghearóid Ó Crualaoich

Cé mise, cén scéal atá agamsa
Le h-insint ar na saolta seo, cén dán
Le reic feasta i mbéal na haimsire?
Cén t-amhrán a déarfar, cén scéal a inseofar
Ormsa amach anseo ach scéal scéil
A d'inseodh fiach is a shéanfadh feannóg?

    Lorg coiscéime i mbaol a shlogtha
    Sa gcaonach creathach ar bharr an bhogaigh.

    Iomairí i dtaibhreamh cliotair is allais
    Á searradh féin faoi dhearúdacht raithnigh.

    Macalla ar fán i gcúlaibh na cuimhne
    Mar a bheadh fead fiolair i ngob na gaoithe.

Tá an chré imithe le fada sa bhfraoch
Gan rian cos nó leagadh lámh uirthi
Le cuimhne leochailleach na ndaoine.
Níl fios mo chuid feasa ag cuisliú aníos
Trí lúth is trí féith go smior is go croí,
Croí a d'aithneodh creag agus caorán
Nó ceol aduain trí bhearnaí gaoithe.

Gach ball dem chuid ball a ainmníodh
De réir a chló is a chlú cheart féin –
An eisc go doimhin im chléibh,
An log sin thall, an doirín ina lár,
An tsrón, an chíoch, an lúb, an chúil,
An mhín, an cúm, an cumar, an fuarán úd

The Cailleach Speaks

for Gearóid Ó Crualaoich

Who is it I am, or what have I to relate
These days, what divining verses
To recite into the teeth of time?
What song will be sung, what tale told
From now on but the shadow of a story
A raven would tell and a grey crow deny?

> The trace of a footstep about to be sucked down
> Into the trembling moss on a bog-hole's surface.

> Lazy-beds in a reverie of sweat and banter
> Stirring themselves under forgetful bracken.

> An echo astray in the recesses of the mind
> Like an eagle's whistle in the beak of the wind.

The clay is long hidden under heather
With no trace of foot or hand laid on it
Within a memory that barely lives.
My wise ways no longer pulse up
Through vein and sinew to heart and marrow,
To hearts that would recognise crags and moors
Or strange music pouring through gaps of wind.

Each limb of my limbs that was named
For itself and for how it was known –
The gully cutting deep in my side,
That hollow there, the oaks huddled in its centre,
The jutting nose, the breast, the curve, the back,
Tableland, corrie, ravine, the spring over there

Leis an nglaisín ghlé ag portaireacht
Uaidh amach thar an gcaonach caoin –
A n-ainmneacha imithe le sruth is le gaoith.

Tost gan suan isea feasta mo dhán.

With the rivulet that pipes out playing
Crystal notes across the gentle moss –
All their names lost in air and water.

Now a restless silence is what I must divine.